Fara und Fu

1

Von der Druckschrift zur *Schulausgangsschrift*

Schroedel

Fara und Fu 1

Von der Druckschrift zur
Schulausgangsschrift

Herausgegeben und erarbeitet
von Jens Hinnrichs
unter Mitarbeit von Petra Dalldorf, Barbara List,
Christiane Müller, Anneliese Pollak,
Ursula Schwarz, Brigitte Stöcker
und wissenschaftlicher Beratung
von Prof. Dr. Renate Valtin

Mit Illustrationen von Matthias Berghahn

Dieses Werk folgt der reformierten Rechtschreibung und Zeichensetzung 2006.

Druck A^2 Jahr 2009
Alle Drucke der Serie A sind im Unterricht parallel verwendbar.

Redaktion: Jutta Wild
Herstellung: Nijole Küstner
Umschlaggestaltung: Andrea Heissenberg
Typografie und Layout: Andrea Heissenberg, Nijole Küstner
Satz und technische Umsetzung: PER Medien+Marketing, Braunschweig
Druck und Bindung: westermann druck GmbH, Braunschweig

ISBN 978-3-507-**40457**-1

u	u u u
i	i i i
u i	u i
ui	ui

Oben: Die Buchstaben *u* und *i* sowie das Wort *ui* schreiben.
Unten: Den Ausruf *ui* in die Sprechblasen schreiben.

n *m*

n	*n*
m	*m*
in	*in*
im	*im*
nun	*nun*

Fu ist

im

im

im

Fara ist

in der *der*

in der *der*

in der *der*

Oben: Die Buchstaben und Wörter schreiben. Unten: Die Wörter *in* und *im* eintragen.

e ei

e	e
ei	ei
ein	ein
eine	eine
nein	nein

Tim wünscht sich

ein

eine

ein

Lara wünscht sich

eine

ein

eine

Oben: Die Buchstaben und Wörter schreiben. Unten: Die Wörter *ein* und *eine* eintragen.

M *a*

M	*M*
	*Mimi*
a	*a*
	*Mama*
miau	*miau*

Mama ruft Mimi.

ruft

Mimi ruft miau

ruft

Oben: Die Buchstaben und Wörter schreiben. Unten: Die Wörter *Mimi* und *miau* eintragen.

T — T

 Tim

t — t

mit — mit

nimmt — nimmt

Tim nimmt Mimi mit.

Mama nimmt Tim mit.

Unten: Die Sprechblasen füllen; die Sätze aufschreiben.

ein oder *eine*

Oben: Die Artikel *ein* oder *eine* neben die Bilder schreiben. Unten: Sprechblasen beschriften.

r

r

Maria

turnt

f

f

ruft

Turnen

Maria turnt.
Tim ruft:
„Maria, turne mit mir!"

 turnt mit Tim.

 ruft: „Tim, nein!"

Unten: Den Text abschreiben; einen Schlusssatz auswählen und aufschreiben.

Mama	nimmt	Tim	an.
______	ruft	______	mit.

Oben: Buchstaben eintragen, Wörter schreiben, Lösungswort in Feld 5 malen. Unten: Sätze bilden und aufschreiben.

L l

L L

 Lara

 Leute

l l

 malt

Malen

Tim malt.
Malt er ein Tier?
Malt er Leute?
Lara meint:

„Tim malt ein Lama.“ „Tim malt .“ „Tim malt ______.“

Unten: Den Text abschreiben; einen Schlusssatz auswählen und aufschreiben.

Lara Mama Mimi malt

Oben: Sätze bilden und aufschreiben. Unten: Buchstaben eintragen, Wörter schreiben, Lösungswort in Feld 5 malen.

F A

F F

 Fu

 Fara

A A

 Arm

Lara

Lara reitet
mit Fara im Arm.
Tim ruft:
„Lara, nimm Fu mit!"

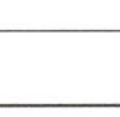 reitet nur mit 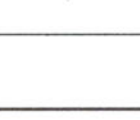 .

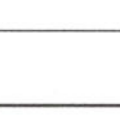 nimmt 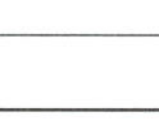 mit.

Unten: Den Text abschreiben; einen Schlusssatz auswählen und aufschreiben.

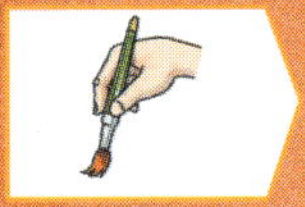 tur ten →

 ma fen →

 rei len →

 ru nen →

5

1 

2 

3 

4 

1

2

3

4

5

Arm Fu Lara Mama

Oben: Aus den Silben Wörter bilden und schreiben.
Unten: Buchstaben eintragen, Wörter schreiben, Lösungswort in Feld 5 malen.

O o

O o

Oma

Auto

rot

rot

toll

toll

Oma

Oma nimmt Lara
im Auto mit.
Lara ruft: „Oma, toll!"

 trifft .

 nimmt  mit.

 ruft: „, toll!"

Unten: Den Text abschreiben; einen Schlusssatz auswählen und aufschreiben.

M	m	F		L	
O		A		T	
	l		m		a
	f		s		o

O m a	→	
L eu s e	→	
F a r a	→	
Au s o	→	
A r m	→	
M i m i	→	

Oben: Buchstabenpaare ergänzen. Unten: Buchstaben verbinden und Wörter schreiben.

S s

S s

Sara

sie

sie

los

los

ist

ist

Tor!

Tim ist im Tor.
Sara rennt mit Murat los.
Sie trifft ins Tor.

Sara ruft: „Tor! Tor!"

Murat ruft: „Sara, toll!"

Unten: Den Text abschreiben; einen Schlusssatz auswählen und aufschreiben.

Sätze lesen und aufschreiben.

H h

H h	H h
	Haus
hat	hat
holt	holt
hilft	hilft

Hilfe!

Oma hat eine Maus im Haus.
Sie ruft: „Tim, Hilfe!"
Tim hilft Oma.

Tim holt .

 soll helfen.

 rennt los.

Unten: Den Text abschreiben; einen Schlusssatz auswählen und aufschreiben.

Fara und Fu 1 – Von der Druckschrift zur SAS

Oben: Wörter neben die Bilder schreiben. Unten: Wörter in beliebiger Reihenfolge eintragen (Bingo-Spiel).

D d J

D d

D d

der Durst

das Dorf

I

J

die Insel

Durst

Fu hat Durst.
Da landen Fara und Fu
auf einer Insel.
Auf einmal …

sind da Leute. | ist 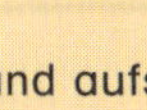 fort. | ist da ein Tier.

Unten: Den Text abschreiben; einen Schluss auswählen und aufschreiben.

Fara und Fu sehen Affen.

Sie landen auf der Insel.

Die Affen freuen sich.

Da feiern sie ein Fest.

Das finden Fara und Fu toll.

Sätze lesen und aufschreiben.

Ch ch N

Ch ch | Ch ch

 das Licht

 lachen

N | N

 die Nacht

In der Nacht

Sara findet Fu nicht.
Sie macht das Licht an.
Da muss sie lachen.

 lacht auch.

Sara nimmt  in den Arm.

Unten: Den Text abschreiben; einen Schlusssatz auswählen und aufschreiben.

Text abschreiben.

E Ei Eu

E Ei Eu

E Ei Eu

Elefant

Eltern

Eis

Euro

Elefanten

Tim ruft die Elefanten.
Er hat Futter in der Hand.
„Das fressen Elefanten nicht",
meint Lara.

Ein Elefant frisst das Futter.

Auf einmal sind alle Elefanten da.

Unten: Den Text abschreiben; einen Schlusssatz auswählen und aufschreiben.

 Eltern	 Eis	 Euro

Oben: Wörter schreiben. Unten: Spuren verfolgen, Sätze aufschreiben.

K k

K k — K k

Kind

klein — klein

kommt — kommt

kann — kann

Im Nest

Eine kleine Amsel ist allein.
Die Eltern suchen Futter.
Das Kind ruft und ruft.
Da kommt …

die Mutter mit dem Futter. | Mimi. | Tim mit einer Leiter.

Unten: Den Text abschreiben; einen Schlusssatz auswählen und aufschreiben.

Die Sätze der Geschichte lesen und aufschreiben.

G g

G g

Garten

Igel

sagt

sagt

fragt

fragt

Im Garten

Die Kinder gehen in den Garten
und legen sich ins Gras.
Da ...

kommt ein Igel. | finden sie Geld. | landen Fara und Fu.

Unten: Den Text abschreiben; einen Schluss auswählen und aufschreiben.

der die das

1

2

3

4

5

6

7

8

Oben: Rätsel lösen. Unten: Nomen aus dem Rätsel mit Artikel eintragen.

U R

U | U

 | Uta

 | Uhr

R | R

 | Roller

Rot!

Uta rast mit dem Roller los.
Tim ruft: „Uta, halt!
Es ist rot!"

Uta kann halten. | Uta sagt danke. | Uta hat es gesehen.

Unten: Den Text abschreiben; einen Schlusssatz auswählen und aufschreiben.

1

2

Oben: Die Wörter eintragen; Spuren verfolgen und Buchstaben eintragen. Unten: Lösungssätze aufschreiben.

B b

B b	B b
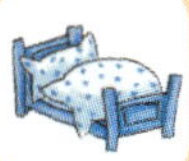	Bett
	Baum
aber	aber
haben	haben

Allein

Die Kinder sollen allein ins Bett gehen.
Sie haben aber …

noch Licht an. | den Fernseher an. | keine Uhr.

Unten: Den Text abschreiben; einen Schluss auswählen und aufschreiben.

6

1	B t r o						
2	a B l l						
3	B ch u				ch		
4	au B m		au				
5	B e t t						

1

2

3

4

5

6

Die Kinder liegen im .

Sie turnen im 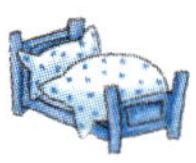.

Sie rollen .

Sie lesen einen .

Sie essen eine .

Sie malen im .

Oben: Buchstaben eintragen, Wörter schreiben, Lösungswort in Feld 6 malen.
Unten: Sinnvolle Sätze oder Spaßsätze bilden und aufschreiben.

Sch sch

Sch sch

Sch sch

Schule

Schiff

schlafen

schnell

schnell

Schnell!

Die Kinder schlafen noch.
Mutter kommt und sagt:
„Nun aber schnell in die Schule!"

Die Kinder stehen schnell auf.

Mutter muss in die Schule fahren.

Unten: Den Text abschreiben; einen Schlusssatz auswählen und aufschreiben.

Sätze lesen und schreiben.

W w

W w

W w

Wald

wir

wir

was

was

weinen

Im Wald

Mama und Tim wandern.
Als es regnet, fragt Tim:
„Mama, was machen wir nun?"
Mama antwortet:

„Wir fahren nach Hause." „Wir warten." „Wir stellen uns unter."

Unten: Den Text abschreiben; einen Schlusssatz auswählen und aufschreiben.

Den Text abschreiben; einen Schluss auswählen und aufschreiben.

Z z	Z z
	Zirkus
	Zelt
zu	zu
zwei	zwei

Im Zirkus

Die Familie ist im Zirkus.
Da kommen zwei Affen ins Zelt.
Ein Affe rennt zu Lara.

Er nimmt ihre Hand. | Lara muss lachen. | Er gibt ihr eine Blume.

Unten: Den Text abschreiben; einen Schlusssatz auswählen und aufschreiben.

Wörter in beliebiger Reihenfolge in das Spielfeld eintragen (Bingo-Spiel).

P p

P p

P p

Papa

Opa

Puppe

kaputt

kaputt

Panne

Tims Rad ist kaputt.
Er fragt Papa:
„Darf ich dein Rad haben?"
Papa sagt:

„Nimm Saras Rad."

„Ich muss mit dem Rad fahren."

Unten: Den Text abschreiben; einen Schlusssatz auswählen und aufschreiben.

Die Geschichte lesen und abschreiben; einen Schlusssatz auswählen und aufschreiben.

J j ß

J j — J j

Junge

jeder — jeder

ß — ß

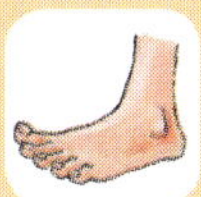

Fuß

Fußball

In jeder großen Pause
spielen die Jungen Fußball.
Sara sagt: „Ich spiele mit."
Die Jungen sagen:

„Toll!" „Das kannst du nicht." „Aber nur im Tor."

Unten: Den Text abschreiben; einen Schlusssatz auswählen und aufschreiben.

Wörter eintragen (Würfelspiel).

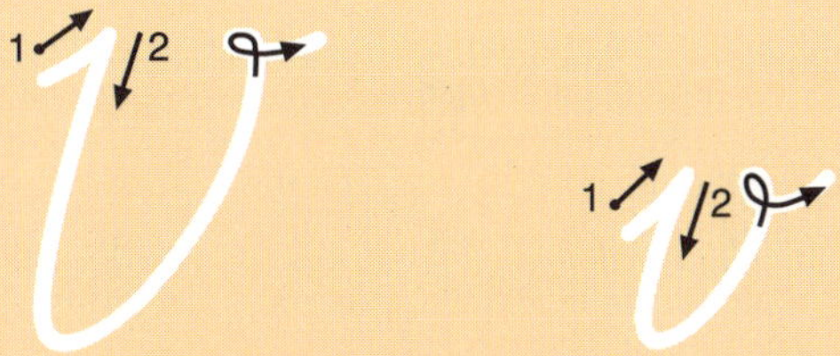

V v	*V* *v*
	*Vater*
	*Vogel*
vor	*vor*
viel	*viel*

Der Vogel

Vater sagt zu den Kindern:
„Der Vogel ist so viel allein.
Was machen wir nur?"

Nils will noch einen Vogel kaufen.

Lara meint: „Wir stellen das Radio an."

Unten: Den Text abschreiben; einen Schlusssatz auswählen und aufschreiben.

Text lesen und abschreiben.

Ä ä Ö ö Ü ü

Ä Ö Ü	Ä Ö Ü
ä ö ü	ä ö ü
	Mädchen
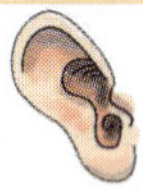	hört
	Tür

Vor der Tür

Das Mädchen klopft an die Tür.
Warum hört Vater nicht?
Warum öffnet er nicht?

Vater schläft. | Vater hört Radio. | Vater ist am Telefon.

Unten: Den Text abschreiben; einen Schlusssatz auswählen und aufschreiben.

X x Y y Qu qu

X x Y y	X x Y y
Qu qu	Qu qu
	Taxi
	Baby
	Quark

Das  fährt	auf dem Tisch.
Der Affe turnt	im Bett.
Der  steht	in der Schule.
Das  schläft	im .
Die Kinder lesen	auf der Straße.

Unten: Aus den Satzteilen sinnvolle Sätze oder Spaßsätze bilden und aufschreiben.